LA GUERRE

DANS

LA TERRE

DE SAINT-CLAUDE

EN 1673 ET 1674

PAR A. VAYSSIÈRE

ÉLÈVE DE L'ÉCOLE DES CHARTES.

<hr>

SAINT-CLAUDE

IMPRIMERIE DE VEUVE ÉNARD.

1872

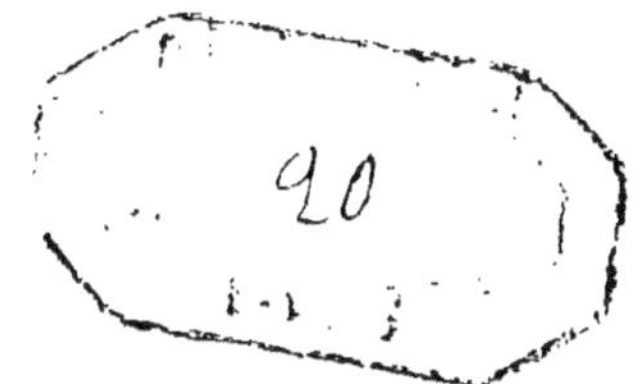

LA GLOIRE

DE SAINT-CLAUDE

EN 1813 ET 1814

SAINT-CLAUDE

1875

PRÉFACE

Les quelques pages qui suivent formeraient l'un
des chapitres les plus intéressants d'une histoire de
la Ville et de la Terre de Saint-Claude. Cette histoire
est encore à faire à peu près tout entière. Pourquoi
en est-il ainsi ? Nous l'ignorons, et nous avons lieu
de nous en étonner. L'histoire de la ville de Saint-
Claude et de ce petit pays indépendant, dont elle
était le chef-lieu, serait une histoire pleine d'intérêt,
et non-seulement d'un intérêt local, mais encore d'un
intérêt général à cause de la position particulière
qu'occupait cette ville, et pour laquelle les documents ne feraient pas défaut. Saint-Claude avait, en
effet, à côté de l'Abbaye qui lui avait donné naissance
et à l'ombre de laquelle il avait crû, une vie propre
et parfaitement indépendante sur un grand nombre

de points. Jusqu'ici, les nombreux historiens que compte l'abbaye, à l'exception, toutefois, de M. Rousset, semblent n'y avoir pas pris garde. Malheureusement, les bornes qu'imposait à cet auteur le cadre restreint de son *Dictionnaire historique des communes du Jura*, ne lui ont pas permis de donner à l'histoire intime de la Ville et de la Terre de Saint-Claude les développements qu'une légitime curiosité désirerait.

En attendant qu'un San-Claudien, se piquant d'un noble zèle, entreprenne d'écrire la véritable histoire de son pays, qu'on nous permette de publier le simple récit des efforts héroïques que firent les habitants de ces montagnes pour conserver à la monarchie espagnole le coin de terre où ils étaient nés.

Nous ne rapporterons rien que nous n'ayons tiré de documents authentiques, et si nous nous abstenons d'une façon quasi systématique de citer nos sources, c'est parce que nous avons cru qu'il deviendrait fastidieux d'accompagner d'innombrables notes un récit destiné à paraître au rez de chaussée d'un journal. (*)

[illegible]

(*) *L'Hebdomadaire*, journal de l'arrondissement de Saint-Claude, où ce récit a paru pour la première fois.

LA GUERRE

DANS

LA TERRE DE SAINT-CLAUDE

EN 1673 ET 1674.

La Terre de Saint-Claude était à l'origine
une petite souveraineté indépendante, en-
clavée dans le Comté de Bourgogne. Saint-
Claude en était le chef-lieu et elle se divisait
en trois bâtis ou cantons, celui de Moirans,
celui du Grand-Vaux et celui de Saint-Claude
ou de la grande Cellerie qui était de beaucoup le plus considérable. Des délimitations
successives faites avec les souverains des
terres qui la bordaient, en restreignirent peu
à peu les limites. En 1674, elle était bornée
au Nord par les baronnies de Château-Vilain,
de la Chaux-des-Crotenay, de l'Aigle et de

Clairvaux ; au Sud, par le Bugey ; à l'Est, par la Suisse ; à l'Ouest, enfin, par la rivière d'Ain.

Au commencement du XVIIe siècle, elle avait fortement souffert du passage du duc de Saxe-Veimar ; un traité de voisinage avec le Bugey l'avait mise à couvert en 1668 : nous allons rapporter dans ces quelques pages les évènements qui précédèrent sa réunion à la France.

Des bruits de guerre commencèrent à se répandre dans le Comté de Bourgogne, dès le commencement de mars 1673. On apprit avec effroi que 12,000 Français occupaient Langres, Auxonne et Dijon, et 12,000 les frontières de la Lorraine et de la Bresse, prêts à envahir le Comté par trois points à la fois.

A M. de Quignones, venait de succéder, comme gouverneur de la province, M. d'Alveyda. Saint-Claude reçut de lui la confirmation officielle de ces bruits le 19 septembre 1673. Dans une proclamation placardée sur les murs de la ville, s'adressant aux braves habitants du Mont-Jura, il leur disait que le premier et le plus précieux de leurs biens, c'était leur liberté; que pour la sauvegarder ils n'avaient qu'un moyen, se conserver sous la domination espagnole. Il terminait en leur faisant entrevoir qu'une occasion de donner des preuves de leur attachement à leur légitime souverain ne tarderait pas à se présenter, car la concentration sur la frontière française d'une quantité considérable de troupe faisait craindre une prochaine invasion.

L'ordre d'armer promptement les 295 élus de milice que devait fournir la Terre de Saint-Claude, suivait cette proclamation. Le pays devait les équiper à ses frais : chacun d'eux emportait avec lui une livre de poudre, trois livres de plomb et 25 francs pour sa subsistance pendant six semaines ; il recevait en outre six gros pour chaque jour de marche. Le départ était fixé au 26 septembre et tous devaient être rendus à Salins les premiers jours d'octobre. Gérard Vincent, procureur-syndic de la ville de Saint-Claude, fut chargé de faire connaître cet ordre aux autres bâtis de la Terre, et de le faire exécuter dans celui de la grande Cellerie.

Ces ordres portèrent l'effroi dans toute la Terre de Saint-Claude, dont la frontière était complètement ouverte du côté du Bugey, et menacée par le château de Dortan qui lui avait été enlevé par la délimitation de 1627, et par ceux d'Arbans et de Cornod.

Un nouveau placard du Gouverneur confirmait, le 18 octobre, les tristes prévisions renfermées dans sa proclamation du 19 septembre et leur annonçait la rupture déclarée de la France avec l'Espagne. Ordre était donné, en conséquence, aux habitants de cesser tout commerce avec l'ennemi et de retirer leurs grains, leurs fourrages et leurs vins en lieux sûrs. En même temps, arrivaient de toutes parts les menaces d'un prochain envahissement.

En face d'une situation parfaitement accentuée, les habitants de la Terre de Saint-Claude retrouvèrent promptement leur vieille énergie. La nouvelle officielle de la rupture leur était parvenue le 23 octobre ; le *Magistrat* s'assembla le lendemain et prit immédiatement des mesures efficace pour organiser promptememet la défense. Claude-François Nicod, greffier de la grande judi-

cature, et Gérard Vincent, procureur-syndic,
furent chargés par le conseil, dont ils faisaient partie, de visiter immédiatement les
villages situés sur la frontière ennemie. Ils
devaient faire rompre les chemins difficiles
à garder, établir des corps de garde pour la
défense des autres, rechercher les armes,
presser les habitants de se procurer des
mousquets et des munitions, les prier d'avoir
l'œil sans cesse sur l'ennemi pour être en
état de donner tous les renseignements dont
on aurait besoin sur sa position, sur ses
forces et sur sa contenance, enfin, les engager à surveiller avec soin les châteaux
de Dortan, d'Arbans, de Nantua et de Cornod, et à entretenir avec Saint-Claude des
relations continues.

Le même jour, on assembla tous les bourgeois et habitants de la ville, et l'on mit un
mousquet entre les mains de tout homme
valide âgé de 18 à 60 ans. On ordonna en
même temps une recherche exacte des
armes et une nouvelle revue pour le 27
octobre.

Le Magistrat s'assembla de nouveau ce
jour-là pour apprendre de la bouche de ses

délégués le résultat de leur visite dans les villages du bâtis de la grande Cellerie. Ces derniers avaient rencontré partout des populations animées du plus ardent patriotisme, prêtes à faire les plus grands sacrifices pour défendre leur frontière, et, par conséquent, parfaitement disposées à recevoir et à exécuter tous les ordres qu'on leur donnerait.

Leur premier acte fut de remettre en vigueur les ordonnances du prince d'Aremberg et voici le détail de ce qu'ils prescrivirent dans les différentes localités qu'ils visitèrent.

A Etables, ils ordonnèrent la construction d'un corps de garde au lieu appelé la Cueille-d'Estable. A Chassal, ils firent rompre le chemin dit le Chemin du Guet, et invitèrent les habitants à mettre un petit pont jeté sur le bief de Longviry, en état d'être rompu à la première nouvelle de l'approche de l'ennemi. Ils ordonnèrent aussi l'établissement d'un corps de garde sur un petit monticule situé en avant de ce pont, dans une position qui fermait la route de Dortan, et d'un second sur le mont de Rogna, dans un endroit qui avait été fortifié à l'époque des guerres précédentes.

Après s'être assurés par leurs yeux que leurs ordres seraient ponctuellement exécutés, ils se rendirent à Marigna et à Molinges. Au premier lieu, ils firent établir, le long de la rivière, un corps de garde avec des ouvrages en fascines ; au second, ils ordonnèrent de construire un retranchement coupant la route. Quant aux habitants de Vaux et de Jeure, ils durent rétablir un corps de garde élevé au commencement de la guerre de 1668 sur le milieu de la route qui réunit ces deux villages. Des souvenirs bien faits pour exciter le patriotisme de ceux qui le devaient défendre, se rattachaient à ce petit poste. A l'époque des dernières guerres, Lacuzon s'y était établi avec quelques braves, et de cette position avancée, il faisait de fréquentes incursions dans le Bugey. Les petites constructions qui composaient ce fortin étaient encore en bon état : on n'eut qu'à creuser autour de larges fossés et on les protégea en outre par une longue palissade qui fut prolongée jusqu'à la rivière et qui avait pour but de fermer le passage à la cavalerie. Dans le même but, on coupa dans les forêts voisines une quantité d'arbres assez considé-

rable pour fermer les chemins en plusieurs
endroits.

A Montcusel, les délégués du Magistrat de
Saint-Claude rencontrèrent un jeune prêtre
français qui remplissait dans cette paroisse
les fonctions de curé. Ils l'engagèrent à se
retirer immédiatement au-delà de la frontière, s'il ne voulait pas y être contraint par
la force.

Ils invitèrent ensuite les habitants de Lavancia et d'Epercy, qui faisaient partie de la
paroisse de Dortan, à servir de garde avancée
de ce côté de l'ennemi. Ils firent construire
un petit poste fortifié sur le milieu du chemin de la Brasselette, dans un lieu appelé
aux Barres. Ils apprirent aussi de ces braves
gens que M. de Dortan avait ordonné de cuire
du pain pour l'approvisionnement de son château qui n'avait pourtant pas encore reçu de
garnison ; que Cornod possédait quarante
hommes en ce moment ; qu'on attendait de la
cavalerie à Nantua, et différents autres renseignements sur la situation de l'ennemi.

François Nicod et Gérard Vincent se rendirent ensuite à Siéges où ils firent construire
un corps degarde sur la route d'Arbans. Ve-

nant de là à Viry, ils rencontrèrent pour la première fois une population moins bien disposée à recevoir leurs ordres. Ils trouvèrent les habitants sans armes, et lorsqu'ils les invitèrent à se mettre en état de défense, ils répondirent par des murmures et des refus. « Ils se souciaient peu, disaient-ils, de défendre ceux de Saint-Claude ; qu'ils nous laissent tranquilles, nous sommes pauvres, et s'ils y tiennent, qu'ils se défendent derrière leurs murailles. »

Les délégués du Magistrat de Saint-Claude eurent la joie de rencontrer davantage de patriotisme à Choux où ils firent rompre le chemin venant de France. Ils trouvèrent également chez les populations voisines l'assurance d'une résistance courageuse.

La défense organisée sur la frontière, on songea à organiser les forces produites par la levée faite à Saint-Claude de tous les hommes âgés de 18 à 60 ans. On les partagea en vingt-unes escadres ou petites compagnies de seize hommes, ce qui permettait de constater que les soldats fournis par la ville s'élevaient au nombre de 336.

Ce premier élan des habitants de la Terre

de Saint-Claude, et cet empressement à se
mettre en état de résister à l'ennemi témoi-
gnent de leur vif patriotisme. Se défendre et
se défendre couragement, avait été leur première pensée et ils semblaient prêts à faire
les plus grands sacrifices pour rester fidèles
à leur roi. Une lettre du prieur de Nantua à
M. de Saint-Mauris, grand-prieur de l'abbaye,
vint quelques jours après les évènements que
nous venons de rapporter, faire naître chez
eux de nouveaux désirs en leur faisant entrevoir la possibilité d'éviter les horreurs de
la guerre, par le moyen d'un traité de voisinage, ainsi qu'ils l'avaient fait en 1668.

Le prieur de Nantua écrivait donc à M.
de Saint-Mauris qu'ayant conservé pour lui
une vénération particulière, il venait lui pro-
poser un traité de voisinage entre la Terre
de Saint-Claude et le Bugey, avec l'assentiment des gouverneurs de ces deux pays et
aux conditions réglées par eux. Il s'étendait
ensuite longuement sur les avantages qu'of-
frinait cette convention à des populations se
trouvant dans la situation où étaient respec-
tivement le Bugey et la Terre de St-Claude.
Il montrait enfin que les hostilités commen-

cées dans le reste de la province, des courses
continuelles auraient lieu dans les deux pays,
ce qui transformerait la guerre en un véritable brigandage. Le Magistrat fut appelé à
délibérer sur cette lettre dont on lui donna
immédiatement connaissance.

Les habitants de Saint-Claude virent la
proposition du prieur de Nantua sous les mê-
mes couleurs qu'on la leur présentait. Ils par-
vinrent même à y découvrir d'autres avantages, ou plutôt d'autres raisons plus ou moins
spécieuses de l'accepter, parmi lesquelles
celles-ci leur paraissaient d'un grand poids.
Leur frontière neutralisée, ils pourraient, se
disaient-ils, retirer une partie des troupes
nécessaires, dans le cas contraire, pour la
protéger, et employer utilement ces troupes
à la défense du reste de la province. Un traité
de neutralité avait été conclu en 1642, mais
dans des circonstances bien différentes, et il
avait paru si avantageux à cette époque qu'on
l'avait étendu à toute la Franche-Comté. Il
leur semblait que ce traité, si utile alors, ne
devait pas l'être moins en 1673. Le Magistrat
décida donc que la lettre du prieur de Nantua serait adressée immédiatement au gou-

verneur, et des députés représentant les trois
bâtis de la Terre de Saint-Claude allèrent le
prier, dans les termes les plus pressants, de
vouloir bien donner son assentiment à cette
convention, et en même temps leur faire
connaître sur quelles bases ils devaient la
conclure et dans quelles conditions. Leur
projet, du reste, était de demander le texte
de la convention de 1642.

M. d'Alveyda, malheureusement, vit les
choses d'un œil moins optimiste et ne se pres-
sa pas de donner une réponse aux délégués
du Magistrat. Celui-ci, impatient d'arriver à
solution, le fit presser à deux reprises et n'ob-
tint à la fin qu'un refus. Voyant donc qu'ils
devaient abandonner les espérances qu'ils
avaient si promptement conçues, les habitants de la Terre de Saint-Claude se remirent
avec une nouvelle ardeur à leurs préparatifs
de défense.

Le commandement des forces du pays ap-
partenait à M. Henri de Lezay, vieux soldat
dont on était bien éloigné, sans doute, de sus-
pecter la bravoure, mais dont les talents militaires n'inspiraient pas une bien grande
confiance, et que de nombreuses infirmités

mettaient, du reste, dans l'impossibilité de diriger les opérations avec toute l'activité nécessaire. Le Magistrat l'invita poliment à choisir un officier expérimenté pour commander à sa place, l'engageant à rester dans le repos auquel son grand âge, ses infirmités et ses nombreux travaux lui donnaient tant de droits.

Le 29 décembre, une vive alerte avait mis sur pied la paroisse de St-Lupicin. Le curé, ayant entendu sonner le tocsin du côté de Martignat, était accouru à la hâte avec tous ses paroissiens en état de porter les armes au lieu menacé. Il apprit là qu'une bande de pillards s'était montrée à Lect, qu'elle y avait fait quelques réquisitions et qu'elle s'était promptement retirée après avoir incendié quelques maisons. Le capitaine de Lezay, au lieu de se mettre en route aux premières nouvelles de cette attaque dont il ignorait l'importance, se contenta d'envoyer à Moirans deux archers chargés de venir le renseigner sur les événements, et d'assurer le curé de Saint-Lupicin et les habitants de Moirans qu'il se préparait à marcher à leur secours si le cas l'exigeait. Lorsque le Magistrat apprit que l'ennemi s'était retiré, il députa un conseiller vers le curé de Saint-Lupicin pour le complimenter et le remercier de son zèle. Ce brave patriote répondit, en rendant grâces aux échevins, qu'il continuerait à garder les passages avec le même soin et qu'on pouvait compter sur son entier dévouement.

Nous croyons devoir dire ici un mot de ce brave prêtre qui nous offre certainement la figure la plus patriotique que nous puissions peindre dans ces quelques pages.

Claude Marquis, de Besançon, curé de St-Lupicin, est le type parfait du véritable Franc-Comtois. Homme énergique, impassible au milieu du danger et mettant la discipline avant tout, il avait toutes les qualités naturelles nécessaires à un bon capitaine, et les documents du temps, qui parlent avec de grands éloges de son expérience dans l'art militaire, nous donnent lieu de penser qu'il avait puisé cette expérience ailleurs que dans un séminaire et qu'avant de revêtir la soutane du prêtre il avait porté l'habit du soldat. Lorsque la guerre de 1668 éclata, son ardent patriotisme réveilla ses talents militaires et fit de lui un chef habile et redoutable. Il commandait, du reste, à la population la plus guerrière des montagnes du Jura, à une population qui, en 1636, avait défendu son territoire avec tant de courage que l'ennemi avait dû renoncer à y mettre le pied.

Le peu de durée de la guerre de 1668 n'avait pas permis au curé Marquis de se signaler par de grands et nombreux exploits ; mais l'habile organisation de ses forces montra ce qu'il pouvait faire, et l'acharnement des habitants pour la défense, qu'ils n'avaient rien perdu de leur ancien courage.

Après la déclaration de guerre du mois d'octobre, on lui abandonna complètement le soin de la défense de son territoire. Les habitants que nous sommes heureux de voir prendre partout l'initiative, l'avaient élu pour commandant et avaient ensuite prié M. de Lezay d'agréer leur choix. En se plaçant sous ses ordres, ils avaient accepté un règlement d'une étonnante sévérité. Ils se soumettent à obéir, sans réplique et sans délai, à tous les ordres qui leur seront donnés. Ils promettent d'accepter toute amende et toute punition corporelle qui leur seront infligées pour infraction au règlement, jusqu'à la mort exclusivement. Les jours de dimanche et de fête, ils doivent se rencontrer devant l'église de St-Lupicin, vers midi, sous peine d'une amende de trois gros pour chaque absence. Ils s'exerçaient là sous les yeux de leur curé capitaine qui, venant de célébrer la messe paroissiale, faisait souvent dresser une table en plein vent dans le but d'employer utilement le temps de son repas. Les amendes pour défaut de garde montent jusqu'à dix-huit gros ; tout défaut, en cas d'alarme, est puni d'une amende de 16 francs et demi pour les riches, de 8 francs 3 gros pour les médiocres et de 4 francs pour les pauvres. Le soldat coupable de vol à main armée était attaché à un poteau dressé près du pont du Lizon, et on le laissait là pendant des journées entières. Ces détails que nous tirons d'un document authentique publié par M. D. Monnier dans l'*Annuaire du Jura* de 1843, nous révèlent un chef plaçant la discipline avant tout et parfaitement convaincu que sans elle le courage est souvent inutile.

L'unité d'esprit parmi ses soldats était aussi l'une des choses auxquelles le curé Marquis attachait une grande importance. Quelques-uns d'entre eux, dont les habitations étaient rapprochées de la frontière, tenaient des propos qui faisaient douter de leur patriotisme, et parmi eux se faisait remarquer un certain Louis Perret, meunier à Marigna qui était même allé jusqu'à s'introduire de force dans le corps de garde établi en cet endroit. En ayant été averti, le curé Marquis le fit conduire en prison et ne lui rendit la liberté que sur un ordre de M. d'Alveyda.

La question de l'armement et des munitions paraît préoccuper notre pasteur-capitaine. Un jour, il arrête vingt mulets chargés de marchandises qui appartiennent à des marchands français. Il compte vendre cette prise pour acheter des armes ; malheureusement, M. de Lezay, pour un motif assez difficile à comprendre, l'oblige à rendre sa proie. Un autre jour, il fait emprisonner cinq Français qui traversaient sa paroisse et qui avaient parcouru toute la province : comme se sont de pauvres peigneurs de chanvre, il consent à les relâcher, mais en les obligeant à payer une rançon qui servira, dit-il, à acheter des armes pour les pauvres gens de ma paroisse dont la plupart sont garçons bien zélés.

Il avait fait établir un corps de garde à Saint-Romain-de-Roche, dans une maison qui s'élevait probablement à côté de la chapelle, sur un petit monticule artificiel qui existe encore.

La ville de Saint-Claude n'avait que des fortifications insignifiantes. De petits forts situés à une certaine distance en défendaient l'entrée, et les bâtiments de l'abbaye seulement étaient protégés par une enceinte fortifiée et garnie de tours. Vers le commencement de décembre, on songea à mettre les forts en état de défense. On réquisionna dans ce but les charpentiers et les maçons du pays, que l'on partagea entre le fort Saint-Blaise et le fort de la Croix-de-Barre. M. de la Balme, vieux gentilhomme fort expérimenté dans l'art de la défense des places fortes pour avoir servi pendant de longues années en Franche-Comté et en Italie, fut invité par le Magistrat à donner son avis sur les travaux qu'on allait entreprendre. D'après son conseil et avec l'agrément de M. de Lezay, on s'occupa d'abord du fort Saint-Blaise. Le brave gentilhomme voulut bien se charger de la direction des travaux, et la Ville, empressée de lui manifester sa reconnaissance, lui envoya le vin d'honneur et les confitures à Madame de la Balme.

Le fort Saint-Blaise était à cheval sur la route de Lons-le-Saunier et s'avançait en pointe du côté de la Poudrière ; un de ses flancs longeait la Bienne, l'autre le grand chemin. L'on commença à réparer les murs extérieurs ; on les protégea à l'aide de fortes palissades que l'on continua, en passant près de la chapelle de St-Blaise, jusqu'à la Croix-de-Barre ; on les poussa également jusqu'au rocher de Mouton. On fit construire en même temps de grandes barrières pour fermer les portes, ou plutôt les entrées de la ville.

Nous avons déjà remarqué chez les bourgeois de Saint-Claude une prompte initiative et un vif désir d'agir par eux-mêmes. Ils s'inquiètent peu de l'abbaye qui semble rester inactive. Cela ne tarda pas à donner lieu à des récriminations de la part de l'abbé. M. de Lezay, à qui ses services en 1668 méritaient pourtant quelque considération, est, en particulier, mis en dehors du mouvement. On l'avait prié de donner sa démission de commandant de la Terre de Saint-Claude et de mettre à sa place un officier expérimenté ; on l'invita quelque temps après à choisir les 100 hommes qui devaient former sa compagnie, dans les lieux de la Terre les moins exposés.

Tout en poussant les travaux de défense avec une certaine ardeur, on revenait au projet de traiter avec le Bugey. Le gouverneur continua à faire la sourde oreille, ou plutôt il répondit aux nouvelles sollicitations du Magistrat en l'invitant à faire conduire à Salins 700 mesures de froment destinées à l'approvisionnement de cette ville qui ne pouvait manquer d'être prochainement assiégée. Vers le 25 décembre, arriva un second ordre enjoignant aux 295 élus de la Terre de s'équiper et se s'armer à la hâte, de façon à pouvoir se rendre à Salins le premier janvier de l'an 1674.

Au moment où ils allaient se mettre en marche, arrivèrent de graves nouvelles qui retardèrent leur départ. Le 31 décembre, on apprit que l'ennemi avait attaqué Conliége, Montaigu et Vernantois ; qu'il avait ensuite assiégé le château de Beaufort, et qu'après l'avoir pris, il serait allé devant celui de Roset, de sorte que M. de Poly, commandant d'Orgelet, aurait été obligé de se retirer à Cressiat.

Des ordres furent aussitôt expédiés pour la concentration immédiate des forces de toute la Terre. Une partie des troupes devait se rendre à Maisod, l'autre partie à Moirans, et provisoirement elles devaient toutes obéir à M. de Maisod. Pour activer les préparatifs, on fit publier partout que l'ennemi marchait sur Saint-Claude, et cette nouvelle, répandue ainsi avec une sorte d'exagération, montre bien quelle foi vive le Magistrat avait dans le courage et le patriotisme des habitants. Il comptait avec raison que la menace d'un danger imminent activerait leur courage au lieu de l'abattre.

A côté de ceux qu'appelait le devoir, on voulut créer une troupe d'élite appelée à se mettre immédiatement en marche. On invita ceux qui tiendraient à en faire partie à se rendre tout armés, le lendemain, 1er janvier, à neuf heures du matin, devant la maison de ville. Trente-trois bourgeois de Saint-Claude répondirent à cet appel et l'on comptait parmi eux un prêtre, un médecin et plusieurs avocats.

Un ordre de M. de Mérona, lieutenant-colonel des milices du baillage d'Orgelet, avait changé la destination des élus de la Terre de St-Claude et les invitait à se rendre immédiatement à Lons-le-Saunier : ils se mirent en route le 2 janvier.

Un appel fait aux communautés voisines de St-Claude n'était pas resté sans réponse. Dès le 1er janvier, on apprit que Gaspard de Charnage, sieur de la Tour de Villard, avait rassemblé à la Rixouse une poignée de patriotes décidés et qu'il se tenait prêt à partir. Claude Reverchon, de Longchaumois, annonçait de son côté qu'il avait sous ses ordres cent hommes disposés à se joindre aux volontaires de la ville.

Le bruit courut en même temps que des troupes venaient d'entrer dans le Pays de Gex, et le 4 janvier, M. de Maisod annonçait, par une lettre datée d'Orgelet et adressée aux échevins de Moirans et de Saint-Claude et au curé Marquis, qu'il venait de rencontrer près d'Alièze le capitaine de Poly qui se retirait avec ses gens, d'après l'avis de don

Lucas, commandant de Lons-le-Saunier, et qu'en conséquence, il s'était lui-même retiré à Moutone et Chavéria avec ses soldats.

Ces nouvelles ajoutèrent à l'ardeur de ceux qui étaient occupés aux travaux de défense de la ville. On commença à remettre en état le fort du Truchet. On en revêtit la muraille, qui s'étendait jusqu'à la montagne de Bayardet, d'une couche épaisse de gazon et on la fortifia d'une grosse palissade en chêne, derrière laquelle on avait creusé un retranchement pour loger des arquebusiers. On fit placer une forte barrière sur le chemin de la Pierre, et une porte à l'arcade du moulin de l'Ours, qui était voisine du pont Saint-Marcel. Les religieuses Annonciades furent invitées à fermer un passage situé proche de leur chapelle, et par lequel on pouvait entrer facilement dans la ville. Une proclamation du gouverneur venait de convoquer le ban et l'arrière-ban de la Terre à la défense de Salins, mais dans les circonstances où l'on se trouvait, on résolut de n'en tenir aucun compte. On apprenait en même temps, par le curé Marquis, que les 295 élus, envoyés à la défense du baillage d'Aval, avaient heureusement passé l'Ain.

Cette tendance à vouloir localiser la défense que nous venons de rencontrer à Saint-Claude, était encore plus vive dans d'autres parties de la Terre. C'est ainsi que les habitants des Bouchoux, où le Magistrat avait envoyé faire quelques réquisitions pour l'entretien des troupes, répondirent qu'ils ne voulaient rien donner, attendu que leurs ressources étaient déjà à peine suffisantes pour leur permettre de se défendre ; et les échevins de Saint-Claude renouvellant leur demande, ils persistèrent dans ce refus, disant qu'il leur suffisait, à eux bourgeois de Saint-Claude, d'avoir de bons et braves soldats pour se défendre derrière leurs fortifications.

Le capitaine de Lezay se décida enfin à abandonner son commandement, et le 19 janvier, le Conseil de Saint-Claude apprit officiellement qu'il avait fait choix pour le remplacer de M. de Château-Bouillant, son neveu, et fut invité à pourvoir à la subsistance de ce dernier qui était logé à l'hôtel de la Rose. Le Conseil, sans refuser d'optem-

pérer à cette demande, fit répondre qu'il dé-
libérerait sur ce sujet, mais il n'en fit rien.

Don Juan d'Autriche, abbé commenda-
taire de l'abbaye de Saint-Claude, crut devoir se plaindre au Gouverneur d'une semblable façon d'agir. Il trouvait mauvais que
les habitants de la Terre eussent demandé
un autre commandant d'arme que celui
nommé par lui; qu'on ne passât plus les
revues dans la grande cour de l'abbaye,
comme cela devait avoir lieu, et qu'au lieu
de monter la garde devant le logement de
M. de Lezay, on la montât devant la maison
de ville. Le Gouverneur se contenta de donner avis de ces plaintes au Magistrat. Les
circonstances, d'ailleurs, ne lui permettaient
pas de tenir autrement compte des réclama-
tions de don Juan d'Autriche, alors même
qu'il l'eût voulu.

Le 23 février, les travaux entrepris au
fort du Truchet étant achevés, le Magistrat
fit prier le vicaire de Saint-Romain de venir
le bénir.

La veille, le bruit s'était répandu de l'ar-
rivée de l'ennemi, au nombre de 1,500 hommes, à Andelot et à Nantey, et les échevins de

Moirans demandaient des renforts pour se porter en avant dans le but d'empêcher les Français de passer l'Ain. Une autre demande arrivait en même temps de Lons-le-Saunier; c'était don Lucas qui réclamait tout le monde dont on pouvait disposer.

Le 24, on reçut une lettre de M. de Maisod. Il renouvellait les prières des échevins de Moirans, et demandait qu'on lui envoyât tout ce qui pourrait marcher. Il n'exigeait, du reste, pour chaque homme, qu'un mousquet et quelques munitions. Dans le même temps, les nouvelles les plus graves arrivaient du côté de Vescles et de Boutavant. L'ennemi venait d'y arriver au nombre de 2,000 hommes environ, et paraissait, disait-on, se disposer à passer l'Ain et à marcher sur Saint-Claude. En face d'une menace qui semblait aussi directe, le Magistrat ne crut pas devoir tenir compte de la demande de don Lucas. Dans le cas d'une prochaine attaque, la Terre de Saint-Claude aurait en effet besoin de tous ses soldats.

On apprit bientôt par le moyen des bourgeois de Moirans, qui en avaient donné avis au curé de Saint-Lupicin, leur intermédiaire accoutumé, que 300 français s'étaient avancés jusqu'à la Vilette. A cette nouvelle, M. de Maisod, montant à cheval, était allé rejoindre, à la tête de 80 hommes de Charchillat, M. de Saix qui attendait l'ennemi à Onoz. On apprenait, d'un autre côté, que l'ennemi s'avançait par le pays de Gex et qu'il était déjà à Chésery. Dans de semblables conjectures, on se hâta de mettre la dernière main aux travaux de défense de Saint-Claude.

Le 25 février, on remit au Magistrat une lettre de M. de Dortan, qui, dans le but de l'effrayer, lui annonçait en termes exagérés que l'ennemi s'avançait pour mettre à composition toute la Terre de Saint-Claude. Il avait travaillé, disait-il, auprès de tous ses amis pour obtenir qu'on épargnât ce pauvre pays auquel il était vivement affectionné ; mais à toutes ses prières on avait répondu qu'on n'épargnerait personne de la contribution de guerre, pas même les terres que M. le comte de Montravel et d'autres Français possédaient dans le Comté de Bourgogne. On lui promettait pourtant une très-douce composition pour ses parents, à condition

qu'ils voulussent bien prendre une sauve-
garde. Hâtez-vous de traiter, disait-il en
terminant, car l'ennemi est proche, et peut-
être ne sera-t-il plus temps demain.

Le Conseil délibéra sur cette proposition
et, après en avoir conféré avec M. de Lezay,
il décida à l'unanimité qu'il s'abstiendrait de
faire une réponse à M. de Dortan, attendu
qu'il n'avait nullement l'intention de com-
poser avec les Français, et qu'alors même
que chacun dût y perdre tous ses biens, il se
défendrait jusqu'à la dernière extrémité.

Après avoir pris cette noble résolution, le
Magistrat la fit connaître à toutes les communautés voisines, les invitant à mettre immédiatement sur pied autant de monde que
possible. Tous ceux qui savaient signer parmi les bourgeois de Saint-Claude présents à
cette mémorable séance, écrivirent leurs
noms au bas du procès-verbal qui nous les a
conservés: l'on y compte 44 signatures. Il est
inutile de faire remarquer tout ce qu'une semblable résolution, prise en face de l'ennemi
qui s'avançait de trois côtés à la fois, renfermait de véritable courage.

Le 27 février, arrivèrent deux nouvelles

demandes de secours : la première, de La-
cuson et de M. de Poly, qui arrivaient de
Saint-Christophe, et réclamaient autant de
monde que possible ; la seconde, de don
Lucas, qui demandait avec instance que l'on
jetât quelques hommes dans Lons-le-Saunier. Le Magistrat répondit à l'une et à
l'autre de ces demandes, que d'un côté l'ennemi était à Vescles ; que d'un autre côté
près d'un millier de Français s'avançaient
par le pays de Gex ; que le pays venait d'envoyer 40 fantassins à Moirans ; en un mot,
que dans de semblables conjonctures, la Terre
de Saint-Claude avait besoin de toutes les
forces qui lui restaient.

Le soir du même jour, on apprit par M. de
Maïsod, que l'ennemi, au nombre de 500,
était au bas de la côte de Montadret. Il annonçait en même temps qu'il se portait à
Onoz, avec toutes les forces dont il pouvait
disposer, dans le dessein de l'inquiéter.

On se croyait à la veille d'événements
importants : l'ennemi, pourtant, sembla de-
meurer immobile jusqu'au 4 mars. Les deux
délégués du Magistrat, que nous avons nom-
més au commencement de ce récit, profi-

tèrent de ce moment de repos au milieu d'alertes continuelles, pour visiter de nouveau la frontière et réchauffer le patriotisme des braves montagnards qui l'habitaient. Pleins d'une ardeur qui paraît téméraire après le danger, mais qui est vraiment admirable lorsqu'il est en face, ils disaient au paysan qui manquait d'armes : « Tu n'as pas de mousquet, tu n'as pas d'épée ? eh bien, prends le long bâton ferré qui te sert à gravir la montagne, et cours à l'ennemi ! »

Le 4 mars, arriva la triste nouvelle de la prise de Lons-le-Saunier par les Français. Don Lucas, désespérant de pouvoir la défendre, l'avait abandonnée, et l'ennemi, qu'il n'arrêtait plus, s'avançait à grands pas et menaçait d'entrer par le pont de Poitte. M. de Maisod demanda la permission de le faire rompre immédiatement ; mais, comme on avait besoin pour cela de l'autorisation du gouverneur, en attendant qu'on l'eût obtenue, il envoya en avant de l'Ain, sous la conduite du capitaine de Marnésia, 100 hommes d'armes qui venaient d'arriver du Grandvaux.

Le Magistrat, ne doutant plus que Saint-

Claude ne fut prochainement attaqué, fit acheter 150 livres de poudre et 300 livres de plomb, et dans la crainte que l'ennemi ne brûlât la ville au cas où il s'en emparerait, il fit déposer ses archives dans la bibliothèque des capucins.

Ce couvent comptait alors 11 religieux, tous bien décidés à prendre part à la résistance de la ville. Ce n'aurait pas été, du reste, la première fois que la Franche-Comté aurait vu des capucins se battre avec courage pour sa défense (1). Voulant donc user de leur bonne volonté, le Magistrat leur fit remettre 11 livres de poudre et 22 livres de plomb.

Le 7 mars, on vit arriver à Saint-Claude, en désordre et emportant ce qu'ils pouvaient de leurs meubles, les habitants de Siéges et de Lavancia. Ils fuyaient sur l'avis qu'un corps de troupes se formait à Dortan et qu'ils allaient être envahis. Le Magistrat se hâta de convoquer les patriotes de Septmoncel et de Longchaumois et fit prier M. de Lezay de lancer sa compagnie de dragons dans la vallée, ce que ce dernier s'empressa de

(1) La conduite des capucins au siége de Salins, en 16..., est restée célèbre.

faire. Heureusement, ce n'était là qu'une fausse alerte : l'ennemi ne sortit pas de Dortan. La situation, néanmoins, n'en devenait pas plus rassurante.

M. de Maisod continuait à garder la frontière du côté de l'Ain. Le 18 mars, il se portait avec ses troupes à la Tour-du-Meix, et le même jour, le Conseil décrétait une levée de 600 hommes à répartir sur les trois bâtis de la Terre de St-Claude : le bâti de la grande Cellerie devait à lui seul en fournir 384.

L'ennemi semblait toujours vouloir s'approcher par Poitte, et M. de Maisod faisait élever en cet endroit quelques travaux de défense qui n'avançaient pas aussi promptement qu'il l'aurait désiré. Il se plaignait à Saint-Claude du peu de zèle de ceux de Moirans, en particulier, et il allait même jusqu'à les accuser d'avoir déserté. C'est sur son avis qu'on avait fixé à 600 hommes la levée dont nous venons de parler.

C'est au milieu de ces graves circonstances que Saint-Claude vit arriver une espèce de condotière, fameux dans le pays et également redouté dans le Bugey, la Bresse et le Comté de Bourgogne. Il se nom-

mait Prost, mais il était plus connu sous
le mom de Pillemuguet : c'était un aventurier tenant du soldat et du brigand, mais
surtout du dernier. Il arriva seul et des-
cendit à l'hôtel de la Belle-Etoile. Il venait
offrir ses services et ceux de sa compagnie
pour la défense du fort Saint-Blaise. Le
Magistrat lui fit attendre pendant plusieurs
jours sa réponse, et comme il jugea sans
doute qu'un tel auxiliaire serait peut-être
dangereux pour la tranquilité de la ville,
il finit par lui faire dire qu'il se passerait
de ses services. Il se vit néanmoins obligé
d'acquitter les dépenses qu'avait faites à
St-Claude notre aventurier, lesquelles mon-
taient à la somme de 18 fr.

Le 20 mars, on apprit que l'ennemi avait
dessein de se fortifier à Orgelet et que des
forces considérables s'assemblaient à Nogna
et à Marnézia, et qu'elles paraissaient avoir
conservé l'intention de se porter sur Poitte.
Les troupes qui occupaient Orgelet avaient
ordonné aux habitants de la Tour-du-Meix
et de Plaisia de leur fournir, dans la journée,
800 livres de pain et 60 mesures d'avoine.

La Terre de Saint-Claude se trouvait en

ce moment pressée de toutes parts. L'ennemi était à Gex, à Chésery, à Dortan et à Orgelet, et il s'avançait sur Poitte. La misère était au comble chez les habitants. Dans cette extrémité, le Magistrat écrivit au gouverneur, lui dépeignit toute la tristesse de la situation et lui annonça qu'il allait faire un nouvel effort pour conserver les trois bâtis sous la domination espagnole en faisant un emprunt. Cette lettre servait de réponse à de nouveaux ordres de M. d'Alveyda prescrivant la levée d'une nouvelle milice destinée à marcher à la défense de Salins.

L'ennemi parut de nouveau vouloir rester immobile dans la position menaçante qu'il occupait. Les milices de Moirans, un instant déconcertées, reprirent courage, et M. de Maisod, qui avait eu le temps de se fortifier sur l'Ain, se montrait satisfait de l'attitude de ses troupes. Le 23, il lui sembla que l'ennemi approchait. Il apprit effectivement sur le soir qu'il était entré à Clairvaux dans la journée. Ces nouvelles lui arrivèrent avec le récit des ravages que faisaient les Français dans le pays qu'ils occupaient. Révigny avait été brûlé le 20 et Conliége pillé. Ils avaient livré aux flammes dix-sept maisons au village de Dompierre ; l'on craignait qu'ils n'incendiassent Orgelet lui-même et l'on annonçait qu'ils devaient piller la maison des Bernardines.

On allait en venir aux mains et les munitions faisaient défaut : ce ne sont que lettres de M. de Maisod, de M. du Saix et de M. Michalet demandant de la poudre et du plomb. Au moment où l'on s'y attendait le moins, on apprit que les Français s'avançaient par la route des Bouchoux. Le Magistrat envoya l'ordre de couper immédiatement le chemin près du Crêt de Leschières.

Le gouverneur ne cessait de demander des secours pour Salins ; le 25 et le 30, nouvelles lettres de lui, la dernière plus pressante que les autres. Le Magistrat se décida enfin à prendre deux cents hommes sur la levée des six cents qu'il avait confiés à M. de Maisod, pour les lui envoyer. Celui-ci, rempli d'une ardeur un peu intempestive, avait résolu de tenter un coup de main sur Orgelet qu'il croyait mal défendu. La nouvelle de la résolution du Magistrat ne put que le confirmer dans son dessein et surtout le pousser à en hâter l'exécution : pourtant il ne voulut pas agir avant de l'avoir averti. Ce n'était pas qu'il tînt énormément à avoir son avis sur ce point, puisqu'il se dispensa de le suivre, comme nous verrons.

Le Magistrat, qui prévit immédiatement les suites fâcheuses que pourrait avoir cette entreprise au cas où elle échouerait, et qui considérait en même temps le peu d'utilité qu'elle aurait alors même qu'elle serait heureuse, crut devoir s'y opposer d'une façon absolue. Il se hâta donc d'envoyer à M. de Maisod deux commissaires, qui furent les sieurs Reymondet et Bayard, dans le but de lui faire connaître sa volonté, et comme le bruit s'était répandu qu'il avait le projet de rejoindre Lacuzon, qui était à Montrond, ces commissaires devaient aussi l'engager à conserver les positions qu'il occupait. Ils lui représentèrent donc que, dans le cas où sa petite armée, qui comptait un peu plus de six cents hommes, viendrait à être mise en déroute, la Terre de Saint-Claude n'aurait plus un seul soldat à présenter à l'ennemi, et se trouverait complètement découverte : que, de plus, il deviendrait impossible au

Magistrat, même en cas de succès, de fournir au gouverneur les deux cents hommes
qu'il lui avait promis pour la défense de Salins. A toutes ces observations, M. de Maisod
répondit que sa troupe avait déjà passé l'Ain
à Brillat, que sa parole était engagée auprès
de M. de Poly et quelques autres raisons de
même valeur. Voyant donc qu'ils ne pourraient le détourner de son funeste projet, les
deux délégués du Magistrat se décidèrent à
attendre en deçà de l'Ain le résultat de la
tentative.

Les troupes de M. de Maisod, ayant passé
l'Ain sans peine durant la nuit, s'avan-
cèrent lentement sur Orgelet. Les postes
avancés de l'ennemi, qui étaient situés à mi-
chemin entre Brillat et ce bourg, furent sur-
pris et mis en fuite ; mais nos braves montagnards rencontrèrent bientôt une troupe ré-
gulière et nombreuse à laquelle un instant
avait suffit pour s'armer et se mettre en ba-
taille. Ils l'attaquèrent avec fureur ; mais que
pouvaient-ils contre un semblable adver-
saire ! Ils avaient contre eux le nombre et
la science militaire. Repoussés en désordre
après un premier élan, ils durent subir à leur

tour une vive attaque qui les obligea bientôt
à lâcher pied. Ils s'enfuirent à travers la
montagne, et l'ennemi, incapable de les suivre au milieu de sentiers qu'eux seuls con-
naissaient, n'inquiéta pas leur retraite.

La douleur des députés du Magistrat fut
grande lorsqu'ils virent revenir leurs soldats
en désordre. Ils avaient à déplorer des pertes
sensibles et le nombre des blessés était considérable. Parmi les morts on comptait M. d'E-
percy, et l'avocat Bayard dut se mettre à la
recherche de son frère qu'il ne voyait pas
revenir, et qu'il rencontra dangereusement
blessé.

Les troupes s'étaient complètement dé-
bandées pendant la retraite et c'est au moment où il n'avait pas un seul homme sous
la main, que le Magistrat apprit l'entrée de
M. d'Aspremont à Clairvaux avec 600 che-
vaux et 800 fantassins. Mais d'un autre côté,
il apprenait que M. de Pontamougeard n'a-
vait plus un besoin d'hommes aussi pressant,
l'ennemi ayant levé le siége de Salins.

On chercha à reformer quelques troupes :
les échevins des Bouchoux envoyèrent vingt
hommes ; ceux de Septmoncel se contentè-

rent de protester de leur dévouement à la cause commune et d'assurer qu'ils défendraient leurs montagnes avec intrépidité si l'ennemi, qui était au pays de Gex, essayait de les franchir.

On ajouta encore aux travaux de défense construits en avant de Saint-Claude. Le 8 avril, on apprit que l'ennemi campait dans la forêt de Crillat. Le 14, des députés du Magistrat allèrent demander au gouverneur, pour la défense de la Terre, Lacuzon qui était déjà désigné pour la défense de Nozeroy. Ils l'obtinrent néanmoins avec un secours de 180 hommes, et comme les besoins du pays étaient pressants, le brave capitaine vint s'établir immédiatement en avant de Moirans. Il devait se conformer aux ordres de M. de Maisod, sauf dans les circonstances exceptionnelles qui demandent une action vive. M. Chavéria eut, vers le 20, à Garde-Chemin, un petit engagement avec l'ennemi. On se retira de part et d'autre après avoir brûlé un peu de poudre et sans s'être fait beaucoup de mal.

Cette guerre, remplie de continuelles alertes et où l'on ne comptait pas encore un

seul engagement sérieux, à part celui d'Orgelet, avait horriblement fatigué les soldats
improvisés dont pouvait disposer la Montagne. Le feu du premier moment commen-
çait à s'éteindre, et lorsqu'on s'adressa au
Grandvaux pour de nouveaux secours, il
répondit que depuis le départ de Lacuzon il
était lui-même menacé par l'ennemi et qu'il
conservait ses hommes pour sa propre défense. Ces craintes n'étaient que trop fon-
dées, car l'on apprit vers le 10 mai que l'ennemi s'avançait du côté de Nozeroy.

Jusqu'ici l'esprit religieux des membres du
Magistrat ne s'était encore manifesté publi-
quement à l'occasion des graves événements
qui duraient depuis près de huit mois. Ils possédaient dans leur ville le corps d'un Saint
invoqué dans toute la province et dont le
pouvoir s'était déjà signalé en des circonstances semblables. Ils se le rappelèrent enfin
et firent demander aux Religieux de l'abbaye de vouloir bien ordonner une procession dans laquelle on porterait le corps de
saint Claude, pour demander à Dieu, par son
intercession, la fin de cette guerre terrible.
On leur accorda volontiers leur demande et

cette procession fut faite avec beaucoup de solennité. On porta le corps du Saint jusqu'à la porte du Pré; les bourgeois le suivirent en armes et le Magistrat offrit douze gros cierges à l'église et vint baiser les pieds du Saint au retour.

Nous croyons devoir consigner ici un fait qui nous paraît assez curieux. Comme presque toutes les villes de la province, Saint-Claude possédait une confrérie du noble jeu de l'Arquebuse, qui avait coutume de tirer l'*Oiseau* le 1er dimanche de mai. Cette année, vu la gravité des circonstances, le Magistrat délibéra pour savoir s'il devait permettre cette fête, et son avis fut qu'elle devait avoir lieu et qu'on tirerait l'*oiseau* au Pré à la manière accoutumée.

Une proclamation du gouverneur, placardée sur les murs de la ville le 1er mai, réclamait de la part de tous une défense courageuse, et des ordres suivaient ordonnant à la Terre de Saint-Claude d'envoyer immédiatement des secours à Salins. Un certain Reverchon écrivait en même temps que les Français arrivaient à Nozeroy et qu'ils menaçaient le Grandvaux.

A côté de ces documents, nous en rencontrons un autre intéressant ce Prost, dit Pillemuguet, dont nous avons parlé plus haut. C'est un ordre du gouverneur qui l'invite à se rendre immédiatement à Salins, sous peine d'être châtié. Comme on ignore à St-Claude le lieu où il se trouve, on envoie un archer à sa recherche.

Au milieu des efforts héroïques que faisait la malheureuse Franche-Comté pour défendre son indépendance en se maintenant sous la domination espagnole, plus d'un exemple de trahison s'était offert, exemples jettant partout la défiance, chez le peuple, surtout, qui soupçonnait la noblesse et le clergé. Ces sentiments, l'ennemi avait avantage à les fortifier et il les entretenait avec soin et sans doute sans beaucoup de peine, car le mauvais succès de la défense devait y contribuer aussi dans une large part. Il en fut à Saint-Claude comme ailleurs : on répandit des bruits calomnieux contre certains bourgeois; on voulut voir partout des traîtres; on alla jusqu'à dire qu'il y en avait à la tête des affaires et que le Magistrat lui-même renfermait dans son sein des *Listenois* (1). Mais le Conseil, comprenant tout le mal que pourraient causer d'aussi fâcheuses insinuations, prit immédiatement des mesures sévères pour fermer la bouche aux timorés et aux mécontents.

Chaque jour, le Magistrat recevait de nouveaux ordres du gouverneur demandant des secours pour Salins. Il arriva lui-même à Saint-Claude le 27 mai, et, touché du triste état où la ville se trouvait réduite, il se contenta d'une levée de douze hommes. Il taxa dans la même mesure les communautés voisines : Viry dut en fournir 2, la paroisse de Saint-Georges 3, les Bouchoux 6, etc.

Avant de repartir, M. d'Alveyda publia une proclamation dans le but de faire tomber les bruits calomnieux dont nous venons de parler et que l'administration avait été impuissante à étouffer, bruits qui, du reste, ne l'épargnaient pas lui-même. Il quitta St-Claude le 8 juin.

(1) Jules Chiflet a raconté en détail, dans ses Mémoires, l'*Histoire de la rébellion du marquis de Listenois. (Mémoires inédits publiés par l'Académie de Besançon)*.

Les jours suivants furent pleins de tristesse, car l'on commença à perdre l'espérance de voir arriver des secours, et cet espoir, qui avait soutenu les plus tièdes, une fois abandonné, on se mit à songer qu'il serait peut-être prudent de mettre fin à une résistance désormais inutile.

La nouvelle de la prise de Salins arriva le 22 juin et le 23 le Magistrat s'assembla pour examiner les prévisions de secours qui pouvaient encore exister pour la province. Quelques jours après, Gérard Vincent alla demander à M. d'Audressard, capitaine du Château de Joux, si la résistance de la Terre de Saint-Claude pourrait avoir encore quelque utilité pour la Franche-Comté. La réponse qu'il rapporta était profondément décourageante. Elle n'abattit pourtant pas le courageux député du Magistrat, et à son retour il s'unit à une partie de ses concitoyens pour prêcher la guerre à outrance et « la défense jusqu'à la mort. » C'est là l'expression de ces braves patriotes qui nous a été conservée dans le registre des délibérations du Conseil de la Terre de Saint-Claude.

Cependant, une autre partie de la population, dont le patriotisme pouvait être aussi vif, mais qui pensait avec raison que désormais la résistance était inutile, crut que le moment était venu de demander une honorable capitulation. Trois bourgeois de Saint-Claude, Etienne Piard, Jean-Charles Daloz, docteurs en droit, et Claude-François Nicod, partirent pour Dole le 28 juin, dans le but de demander pour la Terre de Saint-Claude la capitulation qui lui avait été accordée en 1668. Ils n'eurent pas de peine à obtenir cette capitulation telle qu'ils la désiraient. Elle est datée de Pontarlier et signée du duc de Duras, nouveau gouverneur de la province pour Sa Majesté Très-Chrétienne Louis XIV.

Tel fut, pour la Terre de Saint-Claude, le triste dénouement de cette guerre qui avait soulevé à un si haut degré le patriotisme des Montagnards du Jura et qui avait dépensé tant de force. Le pays, complètement épuisé, tomba dans une sorte de torpeur à laquelle se mêlait la crainte incessante de voir arriver celui qu'il regardait encore comme un ennemi et d'éprouver les douleurs de l'occupation brutale de ce vainqueur qui allait devenir un frère. Il ne pouvait éviter le sort qui avait été celui du reste de la province. Le 15 juillet, 12 cavaliers du régiment de Foix, porteurs d'un ordre du duc de Duras prescrivant de préparer des logements pour quatre compagnies de cavalerie, entraient à St-Claude qui sera désormais et pour *toujours* ville française.

FIN.

Saint-Claude, impr. de v. Enard.

ERRATA.

Page 8, ligne 24 : efficaces, au lieu de *efficace*.

Même page, ligne 25 : promptement, au lieu de *promptememet*.

Page 13, ligne 22 : vingt-une, au lieu de *vingt-unes*.

Même page, ligne 23 : permet, au lieu de *permettait*.

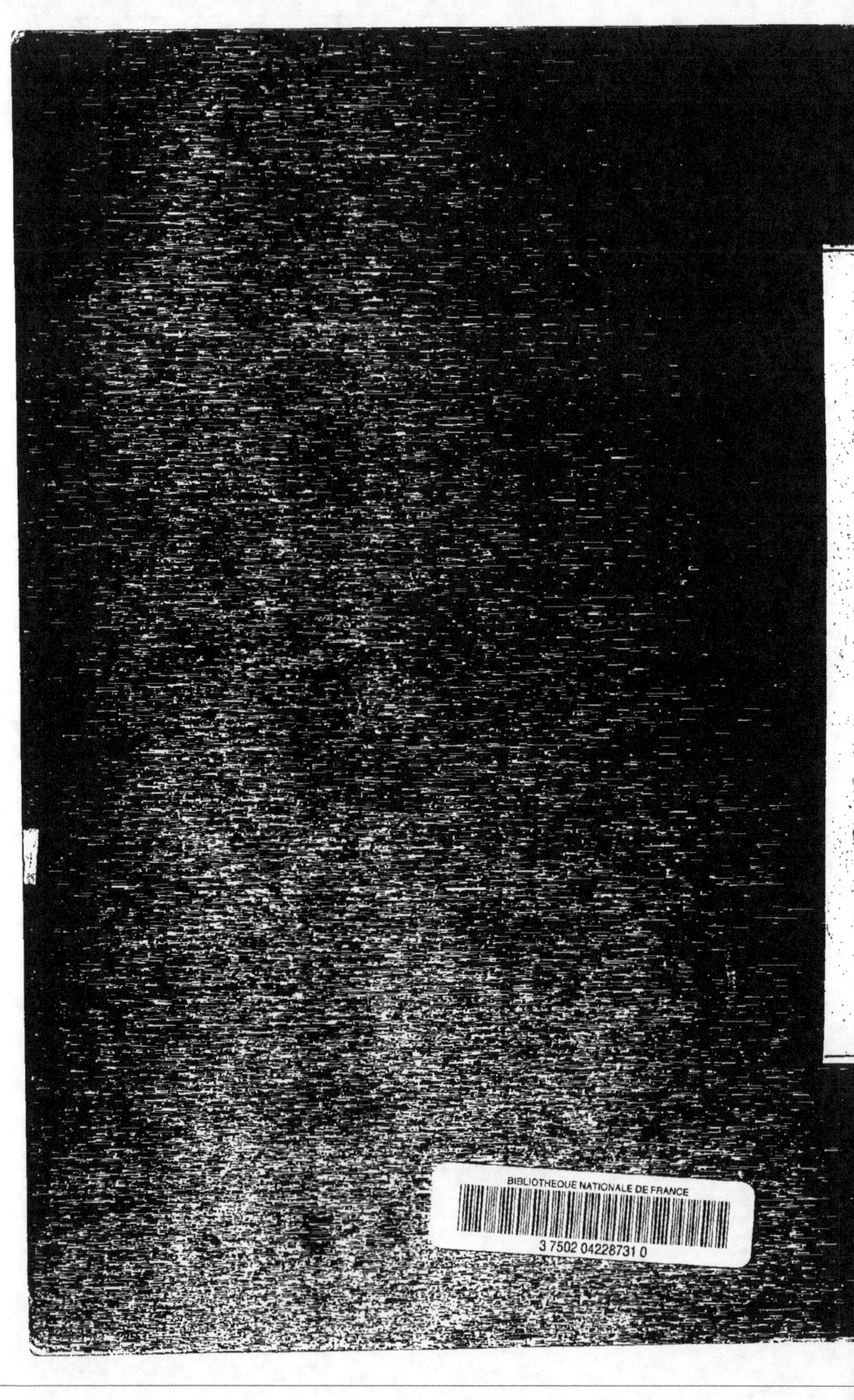